1892. 28 Novembre

ESTAMPES

Eaux-Fortes Originales

Modernes

LITHOGRAPHIES

Lundi 28 Novembre 1892

IMPRIMERIE MAULDE ET RENOU

A. MAULDE & Cie

IMPRIMEURS DE LA COMPAGNIE DES COMMISSAIRES-PRISEURS

Rue de Rivoli, 144

Vente du Lundi 28 Novembre 1892

EAUX-FORTES ORIGINALES

Bonvin, Bracquemond, Corot, Daubigny, Desboutins
Detaille, Huet, Lhermitte

LEGROS, MILLET, RIBOT, etc.

ŒUVRES

De Félix BUHOT, Seymour HADEN, James WHISTLER

LITHOGRAPHIES

Daumier, Gavarni, Manet, Raffet, etc.

PROVENANT DE LA COLLECTION D'UN ARTISTE

Dont la vente aux enchères publiques aura lieu

HOTEL DES COMMISSAIRES-PRISEURS

RUE DROUOT, 9, SALLE N° 7

Le Lundi 28 Novembre 1892

A UNE HEURE ET DEMIE

Par le ministère de **Me Maurice DELESTRE,** Commissre-Priseur
rue Drouot, 27

Et de **M. L. DUMONT,** Expert, Marchand d'Estampes
rue Laffitte, 27

PARIS — 1892

CONDITIONS DE LA VENTE

Elle sera faite au comptant.

Les Acquéreurs paieront CINQ POUR CENT en sus des enchères applicables aux frais.

L'ordre du Catalogue sera suivi.

MM. les Amateurs pourront visiter la Collection chez **M. DUMONT**, *rue Laffitte, 27, pendant les huit jours précédant la vente.*

M. DUMONT *se charge des commissions des Amateurs qui ne pourraient assister à la vente.*

A. Maulde et Cie, imprimeurs de la Compagnie des Commissaires-Priseurs
rue de Rivoli, 144. 600—28334

DÉSIGNATION

ABRAHAM (T.)

1 — Le Puits des Roches. — Étang de Fayolle. — Bords de l'Oudon, etc.

Quatre pièces, très belles épreuves sur Chine.

APPIAN

2 — Une Mare à Rossillon. — Bateaux de pêche. — Le Port de Monaco, etc.

Cinq pièces, très belles épreuves d'artiste.

BEAUVERIE (C.)

3 — Charrette à la porte d'une auberge. — Le Maréchal-Ferrant. — L'Orage, etc.

Sept pièces, très belles épreuves d'artiste.

BENJAMIN-CONSTANT

4 — Un Pouilleux. — Prisonniers marocains se désaltérant. — Aux Portes de Tanger.

Trois pièces, très belles épreuves d'artiste.

BODMER (K.)

5 — Animaux. — Sujets de chasse. — Sujets rustiques, etc.

Vingt pièces, très belles épreuves d'artiste. Album cartonné.

BOILVIN (E.)

6 — Bivouac pendant le blocus de Metz. — Agacerie.

Deux pièces, très belles épreuves d'artiste.

BONINGTON (R.-P.)

7 — Entrée de la rade de Rio-Janeiro. — Campos sur les bords du Rio das Velhas, etc.

Quatre pièces, très belles épreuves.

8 — Vues pittoresques de l'Écosse.

Quinze pièces, belles épreuves.

BONINGTON (D'après)

9 — Le Page. — L'Attente. — L'Antiquaire, etc.

Quatre pièces, très belles épreuves.

BONNAT

10 — Léon Cogniet.

Très belle épreuve d'artiste.

BONVIN (F.)

11 — Le Dessert.

Deux pièces, très belles épreuves d'artiste, dont une d'état.

12 — Le Joueur de guitare.

Deux pièces, très belles épreuves d'artiste, dont une du 1er état.

13 — Fileuse bretonne.

Deux pièces, très belles épreuves d'artiste dont une avant que la planche ait été diminuée.

BONVIN (F.)

14 — La Fileuse bretonne. — La Tisserande. — La Sortie de Cave. — La Rance, etc.

Six pièces, très belles épreuves d'artiste.

BOULANGER (L.)

15 — Dernier Jour d'un condamné. — Les Orientales, deux pièces.

Trois pièces, très belles épreuves.

BOULANGER, SAINT-ÈVRE

16 — L'Attaque du lion. — L'Attaque du tigre. — Le Sommeil du lion. — Henri III, etc.

Sept pièces, très belles épreuves.

BRACQUEMOND (F.)

17 — L. Cladel (Cat. H. Béraldi 21).

Très belle épreuve d'artiste.

18 — Sarcelles. — Perdrix (B. 111-112).

Deux pièces, très belles épreuves sur Chine avec le titre à la pointe.

19 — Les mêmes Estampes.

Deux pièces, belles épreuves sur Japon.

20 — Ils s'en allaient dodelinant, etc. (B. 125).

Belle épreuve sur Japon.

21 — Rue des Bruyères, à Sèvres (B. 191).

Très belle épreuve d'artiste. Rare.

22 — Étude de paysage.

Très belle épreuve d'artiste. Rare.

23 — L'Inconnu. — Vanneaux et Sarcelles (B. 174-175).

Deux pièces, belles épreuves d'artiste sur Japon.

BRACQUEMOND (F.)

24 — Le haut d'un Battant de porte (B. 110).

Très belle épreuve avec le titre et l'adresse de Delâtre à la pointe, ainsi que la date 1852, sur papier vergé appliqué comme Chine.

25 — Panurge sortant de chez Rominagrobis (B. 126).

Très belle épreuve d'artiste.

26 — Les Mouettes (B. 223).

Très belle épreuve d'artiste avant le cuivre coupé.

27 — Vases japonais. — Attelage de bœufs. — Fontaine aux cerfs.

Trois pièces, belles épreuves, dont une d'artiste.

BRESDIN (R.)

28 — La Comédie de la mort. — Intérieur flamand. — Geneviève de Brabant.

Quatre pièces, très belles épreuves du 1er tirage sur Chine.

BROWN (John Lewis)

29 — Reconnaissance — Promenade.

Deux pièces, très belles épreuves d'artiste.

BRUNET-DEBAINES

30 — La Sainte-Chapelle. — Une vieille rue à Venise.— Vues.

Douze pièces, très belles épreuves d'artiste.

BUHOT (Félix)

31 — Ma petite Ville (Valognes) (Cat. H. Béraldi 23).

Très belle épreuve d'artiste.

32 — Les Anes de la Butte-aux-Cailles (B. 35).

Très belle épreuve d'artiste.

BUHOT (Félix)

33 — Frontispice pour l'Ensorcelée (B. 116).

Superbe épreuve d'artiste, non publiée. Très rare.

34 — Débarquement en Angleterre (B. 130).

Très belle épreuve d'artiste.

35 — Une Jetée en Angleterre (B. 132).

Superbe épreuve d'artiste, avec croquis dans les marges.

36 — La Traversée (B. 143).

Superbe épreuve d'artiste sur Japon, avec croquis dans les marges. Très rare.

37 — La Dame au cygne (B. 144).

Très belle épreuve d'artiste sur Japon.

38 — Le Peintre de marine (B. 146).

Très belle épreuve d'artiste.

39 — Les Voisins de campagne (B. 148).

Superbe épreuve d'artiste avec croquis dans les marges.

40 — Bergeries (B. 151).

Très belle épreuve d'artiste.

41 — La Chapelle Saint-Michel, à l'Estre (B. 152).

Très belle épreuve d'artiste. Signée.

42 — Marine, Souvenir du Medway (B. 153).

Superbe épreuve d'artiste.

43 — Le petit Enterrement (B. 154).

Très belle épreuve d'artiste.

44 — La même Estampe.

Très belle épreuve d'artiste, tirée en bleu.

45 — Westminster Palace (B. 155).

uperbe épreuve d'artiste, croquis dans les marges.

BUHOT (Félix)

46 — Westminster-Bridge (B. 156).
Superbe épreuve d'artiste, croquis dans les marges.

47 — Environs de Gravesend (B. 157).
Superbe épreuve d'artiste, sur papier essencé. Signée.

48 — Les Oies.
Très belle épreuve d'artiste. Très rare.

49 — Entrée de Landmer. — Deux planches, croquis d'Anes.
Trois pièces, très belles épreuves d'artiste sur papier ancien.

50 — Vieille Maison, à Valognes. — Le Retour des Artistes, etc.
Quatre pièces, belles épreuves, dont deux d'artiste.

CASANOVA (A.)

51 — Le Sourd. — Siffleur de linottes.
Deux pièces, très belles épreuves d'artiste.

CHARLET

52 — Le Premier coup de feu. — Le Second coup de feu. — Aux Braves, etc.
Huit pièces, très belles épreuves.

53 — Essais à l'eau-forte et à la manière noire.
Neuf pièces, très belles épreuves sur Chine.

54 — Croquis à la manière noire.
Seize pièces, très belles épreuves sur Chine, avec la couverture.

CHAUVEL (T.)

55 — Soleil couchant. — A Samois, près Valvins. — Environs de Rouen. — Passage de la Ternoise. — Les Bords du Loing.
Cinq pièces, très belles épreuves d'artiste.

COROT

56 — Un Lac du Tyrol (B. 4).

Très belle épreuve, avant toutes lettres. Rare.

57 — Campagne boisée (B. 5).

Très belle épreuve avant les mots : Imp. Delâtre.

58 — Paysage d'Italie. — Environs de Rome.

Deux pièces, très belles épreuves.

DAUBIGNY

59 — Les petits Cavaliers (B. 42).

Très belle épreuve d'artiste sur papier ancien.

60 — Intérieur de la partie élevée de la forêt de Fontainebleau (B. 45).

Très belle épreuve d'artiste. Très rare.

61 — Le Coup de soleil, d'après Ruisdael (B. 79).

Très belle épreuve d'artiste.

62 — La même Estampe.

Très belle épreuve.

63 — Le grand Parc à moutons (B. 86).

Très belle épreuve d'artiste.

64 — Lever de lune (B. 89).

Très belle épreuve d'artiste du 1er état, sur Chine.

65 — La Vendange (B. 107).

Très belle épreuve d'artiste.

66 — Les Bergers sous bois (B. 112).

Très belle épreuve du 1er état. Eau-forte pure.

67 — La même Estampe.

Très belle épreuve d'artiste.

*

DAUBIGNY

68 — Pommiers à Auvers (B. 116).

Epreuve du 1er état avec figures et le ciel très fort. — Epreuve avec le ciel et une figure effacée. — Epreuve terminée avant toutes lettres.

Trois pièces, très belles épreuves.

69 — Le Guet du Chien. — Le Bac. — Le Satyre. — Le Chant du Coq. — La Charrette de roulage, etc.

Treize pièces, très belles épreuves d'artiste.

70 — L'Aurore. — Soleil couchant, etc.

Trois pièces, très belles épreuves, dont une d'artiste.

71 — La Seine à Port-Morin. — Voyage en bateau. — Paysage.

Trois pièces, belles épreuves d'artiste sur Japon.

72 — Clair de lune à Valmondois. — Le Pré des Graves, etc.

Trois pièces, très belles épreuves d'artiste, dont deux sur Japon.

DAUMIER (H.)

73 — Albums comiques.

Treize albums et dix pièces séparées. Ens.: Trois cent pièces en noir et en couleur. Très belles épreuves.

DECAMPS

74 — Village turc.

Deux pièces, très belles épreuves, dont une d'artiste sur Chine, avant le numéro.

75 — Corps de garde turc.

Deux pièces, très belles épreuves, dont une d'artiste sur Chine.

76 — Une Patrouille à Smyrne. — On n'entre pas ici.— Corps de garde turc, etc.

Dix pièces, très belles épreuves.

DECAMPS (D'après)

77 — Son Portrait. — L'Abreuvoir. — Chien basset, etc.

Quatre pièces, très belles épreuves.

78 — Le Jeu de boules. — Les Sorcières, — Sancho Pança. — La Tortue, etc.

Seize pièces, très belles épreuves.

79 — Le Savoyard. — Environs de Smyrne. — Le Chenil. — Chiens de chasse, etc.

Dix-sept pièces, très belles épreuves.

80 — Une École en Turquie, par Henriquel Dupont.

Deux pièces, très belles épreuves dont une d'artiste.

81 — Bataille des Cimbres, par Cuginotta.

Très belle épreuve d'artiste sur Chine.

DELACROIX (E.)

82 — Le Christ au roseau.

Très belle épreuve sur Chine.

83 — Tigre couché dans le désert.

Superbe épreuve avec la signature, mais avant les mots « Imp. Delâtre » sur Chine.

84 — Tigre couché dans le désert (tourné à droite).

Eau-forte inédite. Très belle épreuve d'artiste sur papier ancien.

85 — Lionne déchirant de ses ongles la poitrine d'un Arabe.

Belle épreuve sur Chine.

86 — Lion dévorant un cheval. — Jeune Tigre jouant avec sa mère.

Deux pièces, très belles épreuves dont une d'artiste sur Chine.

87 — Jane Shore. — Entrée du Duc de Bourgogne.

Deux pièces, belles épreuves.

DELACROIX (E.)

88 — Feuille de Médailles. — Cheval sauvage. — Muletiers de Tétuan. — Le Jockey.

Quatre pièces, belles épreuves.

89 — Steenie et le Diable. — Le jeune Clifford, etc.

Quatre pièces, très belles épreuves.

90 — Un Homme d'armes. — Un Seigneur du temps de François Ier. — Juive d'Alger.

Cinq pièces, belles épreuves dont une d'état sur Chine.

91 — Faust.

Quinze pièces, belles épreuves.

DELACROIX (D'après E.)

92 — Mort de l'évêque de Liège. — Un Naufrage, etc.

Six pièces, belles épreuves.

DELAUNEY (A.)

93 — Le Pont-Neuf. — Le Pont-Royal. — Vues du vieux Paris, etc.

Sept pièces, très belles épreuves d'artiste.

DESBOUTIN (Marcelin)

94 — Le Repos (Cat. H. Béraldi, 8).

Très belle épreuve d'artiste.

95 — La Sortie du bébé (B. 9.).

Très belle épreuve d'artiste avant le monogramme. Signée.

96 — La même Estampe.

Très belle épreuve d'artiste.

97 — La Duchesse Colonna (B. 14).

Très belle épreuve d'artiste du 1er état.

DESBOUTIN (MARCELIN)

98 — La même Estampe.

Très belle épreuve d'artiste.

99 — Dailly, rôle de Mes Bottes dans l'Assommoir (B. 16).

Très belle épreuve d'artiste sur Japon.

100 — Mlle Morizot (B. 22).

Très belle épreuve d'artiste.

101 — M. Rouart (B. 25).

Très belle épreuve d'artiste sur Japon.

102 — Soldi, sculpteur (B. 26).

Très belle épreuve d'artiste.

103 — M. Le Gendre (B. 61).

Très belle épreuve d'artiste avec dédicace.

104 — M. Levraut (B. 64).

Très belle épreuve d'artiste.

105 — Henri Rochefort (B. 69).

Très belle épreuve d'artiste.

106 — E. Zola (B. 111).

Très belle épreuve d'artiste. Signée.

107 — Alexandre Dumas fils (B. 126).

Très belle épreuve d'artiste. Signée.

108 — Mlle Mou-Mou (B. 154).

Très belle épreuve d'artiste sur Japon.

109 — La même Estampe.

Très belle épreuve d'artiste.

DETAILLE (E.)

110 — Vedette de cuirassiers.

Très belle épreuve d'artiste sur Japon.

111 — La même Estampe.

Très belle épreuve d'artiste.

112 — Trompette de chasseurs.

Très belle épreuve d'artiste sur Chine.

113 — Un Uhlan.

Très belle épreuve d'artiste.

DEVÉRIA

114 — Portrait d'un Officier de marine (non décrit). — Jasmin. — Paganini. — V. Adam. — Fournel, etc.

Six pièces, belles épreuves.

DIAZ

115 — La Veuve. — Imposture. — Les Folles amoureuses, etc.

Huit pièces, belles épreuves.

DIVERS

116 — Eaux-Fortes par Brendel, Breton, Flameng Gilli, etc.

Quinze pièces, très belles épreuves d'artiste sur Japon.

117 — Eaux-Fortes par Barrillot, Berne-Bellecour, Burnand, Feyen-Perrin, Israëls, Lafrance, Yon, etc.

Vingt-cinq pièces, très belles épreuves d'artiste.

118 — Lithographies par A. Lecomte. — G. Bellanger. — E. Lamy, etc.

Vingt-cinq pièces, très belles épreuves.

EDWARDS, EVERSHED, etc.

119 — Parc à Richmond. — Une Falaise. — Bateau hollandais. — Paysages, etc.

Dix pièces, très belles épreuves d'artiste.

ESGUSQUIZA (DE)

120 — Richard Wagner.

Très belle épreuve.

FEYEN-PERRIN, FALGUIÈRE

121 — Ronde antique. — Les deux Amis. — Pêcheuses de crevettes. — Mendiants.

Quatre pièces, très belles épreuves d'artiste.

FRANÇAIS

122 — La Malaria. — Le Chêne et le Roseau. — Soleil couchant. — Bords du Nil.

Dix pièces, très belles épreuves, dont quatre d'artiste.

GAUCHEREL (L.)

123 — Vue de Venise. — Dolmen de Locmariaher. — Étretat. — Rome, etc.

Sept pièces, très belles épreuves d'artiste.

GAVARNI

124 — Albums comiques.

Neuf albums et quarante et une pièces détachées. Deux cent quarante-huit pièces en noir et en couleur. Très belles épreuves.

125 — Decamps.

Très belle épreuve sur Chine.

126 — Debelleyme. — Isabey. — F. Sauvage.

Trois pièces, très belles épreuves sur Chine.

GAVARNI

127 — Duchesse d'Abrantès. — Portraits de Femmes. — Titres de romances.

Quatre pièces, très belles épreuves.

128 — Costumes et Travestissements.

Vingt-huit pièces, belles épreuves coloriées.

GIGOUX

129 — Tony et Alfred Johannot.

Très belle épreuve.

GŒNEUTTE (N.)

130 — Le Boulevard de Clichy. — Arabes à l'abreuvoir. — Jeune Femme sur un canapé.

Trois pièces, très belles épreuves d'artiste, dont deux sur Japon.

GONCOURT (DE)

131 — Masque d'après Latour. — Pantin. — La Couseuse. — Mlle Meyer, etc.

Six pièces, très belles épreuves d'artiste.

GOYA (F.)

132 — Ésope. — Barberousse. — Nains.

Quatre pièces, très belles épreuves.

HADEN (SEYMOUR)

133 — Son portrait par L. Flameng.

Très belle épreuve d'artiste.

134 — Entrée du château de Mytton (Mytton Hall) (Cat. H. Béraldi 13).

Très belle épreuve d'artiste sur Japon. Signée.

HADEN (SEYMOUR)

135 — L'Écluse d'Egham (15).

Très belle épreuve d'artiste.

136 — Vue prise d'une fenêtre de la maison de l'artiste (17).

Très belle épreuve d'artiste.

137 — Fulham sur la Tamise (18).

Très belle épreuve d'artiste.

138 — Kidwelly (22).

Très belle épreuve d'artiste.

139 — Château de Kidwelly (23).

Très belle épreuve d'artiste.

140 — Vue d'Amsterdam (37).

Très belle épreuve d'artiste. Signée.

141 — La Tamise à Battersea (Old Chelsea, out of Whistler's window) (45).

Très belle épreuve du 1er état, sur papier ancien.

142 — La même Estampe (45).

Très belle épreuve d'artiste du 2e état sur Japon. Signée.

143 — Maison de Whistler au vieux Chelsea (Whistler house old Chelsea) (47).

Très belle épreuve avec l'étoile, sur Japon. Signée.

144 — Thomas Haden (51).

Très belle épreuve d'artiste.

145 — La Teivy à Newcastle in Emlyn (Newcastle in Emlyn) (55).

Très belle épreuve d'artiste. Signée.

146 — La Maison du charron (56).

Très belle épreuve d'artiste.

HADEN (Seymour)

147 — L'Abreuvoir à Kenarth (57).

Très belle épreuve d'artiste. Signée.

148 — Lever de soleil à Cardigan (60).

Très belle épreuve d'artiste. Signée.

149 — Thames Ditton avec un bateau (64).

Très belle épreuve d'artiste.

150 — Les Travaux du chemin de fer à Brentford (65).

Très belle épreuve d'artiste.

151 — Le Bac de Brentford (66).

Très belle épreuve d'artiste. Signée.

152 — La Promenade au bord de l'eau (Towing Path) (67).

Très belle épreuve d'artiste. Signée.

153 — Shepperton (71).

Très belle épreuve d'artiste. Signée.

154 — Kew sur la Tamise (73).

Très belle épreuve d'artiste sur Japon. Signée.

155 — Les Mains qui gravent (84).

Très belle épreuve d'artiste.

156 — La Jetée de Calais (87).

Très belle épreuve d'artiste sur Chine.

157 — Berge de la rivière à Sonning (105).

Très belle épreuve d'artiste avant le cuivre coupé.

158 — Brick à l'ancre (130).

Très belle épreuve d'artiste.

159 — Les Mains qui gravent à la pointe sèche (143).

Très belle épreuve d'artiste. Signée.

HADEN (Seymour)

160 — Porte du château de Burgos (Grim Spain) (168).

Très belle épreuve d'artiste sur Japon.

161 — Une Allée à Shere.

Très belle épreuve d'artiste sur Chine.

HÉREAU (J.)

162 — Les Moutons de Claudine, 1er et 2e états. — Mon Ane. — Port de mer, etc.

Cinq pièces, très belles épreuves d'artiste.

HERVIER

163 — Laveuse. — Cour de ferme. — La Femme au puits, etc.

Cinq pièces, très belles épreuves d'artiste.

HUET (P.)

164 — Le Héron. — L'Inondation. — La Maison du garde. — Les deux Chaumières. — Le Braconnier.— Pont en Auvergne.

Suite complète de six pièces, très belles épreuves d'artiste sur Chine, dans la couverture de publication.

165 — La même suite, moins le n° 6.

Très belles épreuves d'artiste sur Chine.

JACQUE (Ch.)

166 — Le Fumeur. — Moulins. — La Forge. — Le Repos des Moissonneurs, etc.

Sept pièces, très belles épreuves d'artiste.

167 — Les Chanteurs.

Deux pièces, belles épreuves sur Chine.

JACQUE (Ch.)

168 — Pastorale. — L'Été. — Le Chemin de halage. — Le Matin, etc.

Huit pièces, très belles épreuves.

169 — La Maréchalerie. — La Bergère. — L'Enfant prodigue. — Coq et Poules, etc.

Six pièces, très belles épreuves.

JONGKIND

170 — Démolition de la rue des Francs-Bourgeois-Saint-Marcel. — Jetée en bois dans le port de Honfleur. — Vue de la ville de Maaslin, etc.

Quatre pièces, très belles épreuves.

LANÇON (A.)

171 — Peloton de punition. — Les Carrières. — Sur le Pont de Londres. — Un vieux Lion.

Cinq pièces, très belles épreuves d'artiste.

LATOUCHE (G.)

172 — Dame au manchon, de profil à droite.

Très belle épreuve d'artiste sur Japon. Signée.

173 — Chez la Blanchisseuse. — Chez le Marchand de vin.

Deux pièces pour « l'Assommoir » très belles épreuves d'artiste.

174 — Étude, tête de Vieillard.

Très belle épreuve d'artiste.

LAURENS (J.-P.)

175 — La Pouparde. — Les Enfants de J.-P. Laurens. — Victoire Franchart.

Trois pièces, très belles épreuves d'artiste.

LEGROS (A.)

176 — Le grand Espagnol (Cat. P. Malassis et Thibodeau 21).

Très belle épreuve d'artiste.

177 — La Charrue (81).

Très belle épreuve d'artiste sur Japon.

178 — Les Mendiants anglais (85).

Très belle épreuve d'artiste.

179 — La Mort dans le poirier. — Le Théâtre Guignol (140-156).

Deux pièces, très belles épreuves d'artiste.

180 — Wats (G.-F.) (198).

Très belle épreuve d'artiste sur Japon.

181 — Job (67).

Très belle épreuve du 3e état sur Japon.

182 — Le Réfectoire. — Le Manège. — Extase poétique.

Trois pièces, belles épreuves.

LELOIR (L.)

183 — Un Raffiné.

Très belle épreuve d'artiste.

LEPIC (Comte)

184 — Marines. — Paysages hollandais, etc

Huit pièces, très belles épreuves d'artiste dont deux sur Chine volant. Signées.

185 — Crépuscule. — Vues de Hollande. — Moulins. — Bords de Rivière, etc.

Dix pièces, très belles épreuves d'artiste.

LEROLLE (H.)

186 — Jeune Paysanne portant un seau.

Très belle épreuve d'artiste. Rare.

LHERMITTE (L.)

187 — La Malade.

Très belle épreuve d'artiste. Salissures sur la marge du cuivre.

188 — Marchandes de Poissons à la halle de Saint-Malo.

Très belle épreuve d'artiste. Salissures sur la marge du cuivre.

189 — Intérieur de moulin à Versaint (Finistère).

Très belle épreuve d'artiste.

190 — Les Vendanges. — Un Vieux de la vieille.

Deux pièces, belles épreuves d'artiste.

191 — Marchande de Poissons. — L'Épicerie de village. — La Veillée.

Trois pièces, très belles épreuves d'artiste.

192 — Vases japonais. — Coupe en verre taillé. — Collier.

Trois pièces, très belles épreuves d'artiste.

MANET (E.)

193 — L'Enfant à l'épée.

Très belle épreuve d'artiste

194 — Baudelaire.

Très belle épreuve d'artiste sur Chine.

195 — Lola de Valence. — Les Gitanos.

Deux pièces, belles épreuves.

195 — Mlle Morizot. — Le Gamin. — Guerre civile.

Quatre pièces, très belles épreuves.

MANET (E.)

197 — Les Courses. — La mort de Maximilien.

Deux pièces, très belles épreuves d'artiste.

MANET (D'après)

198 — Marine. — Effet de lune. — Un port, par GAUCHEREL.

Quatre pièces, très belles épreuves d'artiste.

MARILHAT

199 — Place de l'Esbekieh, au Caire.

Très belle épreuve.

MILLET (J.-F.)

200 — La Couseuse (Cat. A. SENSIER, 10).

Très belle épreuve d'artiste sur papier ancien.

201 — La Femme qui bat le beurre (11).

Très belle épreuve d'artiste sur papier ancien.

202 — Paysan rentrant du fumier (12).

Très belle épreuve d'artiste sur Japon.

203 — Les Glaneuses (13).

Très belle épreuve d'artiste sur papier ancien.

204 — Les Bêcheurs (14).

Très belle épreuve d'artiste avec l'adresse de Delâtre.

205 — La Femme faisant manger son enfant (18).

Très belle épreuve d'artiste.

206 — Le Départ pour le travail (20).

Très belle épreuve d'artiste avant l'adresse de Delâtre. Sur Chine volant.

MILLET (J.-F.)

207 — La Fileuse auvergnale (21).

Très belle épreuve d'artiste.

208 — La Femme vidant un seau (32).

Très belle épreuve d'artiste sur Chine.

209 -- Jeune Bergère assise (33).

Très belle épreuve d'artiste.

MILLET (J.-B.)

210 — Cour de ferme, eau-forte originale.

Très belle épreuve d'artiste.

MORIN, PETIT

211 — Une Averse. — Au Luxembourg. — Ribauds. — Rentrée au village.

Six pièces, très belles épreuves d'artistes.

MOUILLERON

212 — Titres de romances. — Sujets divers.

Cinquante pièces, très belles épreuves d'artiste, la plupart sur Chine.

NANTEUIL (Célestin)

213 — Eaux-fortes et Lithographies. — Le Musée. — La Sainte Famille. — Juives d'Alger. — Titres de romances.

Vinq-cinq pièces, très belles épreuves d'artiste, en partie sur Chine.

NEUVILLE (de), **DUPRAY**

214 — Mobiles dans la tranchée. — École de tambours. — En Reconnaissance, etc.

Quatre pièces, très belles épreuves d'artiste.

NIEL (Mlle G.)

215 — Vue de Lyon.— Hôtel de Bretonvilliers.—Saint-Julien-le-Pauvre.

Trois pièces, très belles épreuves d'artistes.

NITTIS (De)

216 — Liseuse. — Vue de Londres.

Deux pièces, très belles épreuves d'artiste.

217 — Odalisque. — Jeune Femme à l'éventail de profil à droite.

Trois pièces, très belles épreuves d'artiste.

O'CONNEL (Mme F.)

218 — Sainte Madeleine au désert. — Tête de Sainte Madeleine. — Charité. — Le Chevalier. — Buste de Jeune Fille.

Cinq pièces, très belles épreuves d'artiste.

OUDART (F.)

219 — Calendrier de 1882. — Autre Calendrier de 1885, par J. Gaillard.

Deux pièces, belles épreuves.

PASINI (A.)

220 — Voyage en Asie.

Suite complète de douze pièces, très belles épreuves sur Chine.

PILLE (H.)

221 — Troupe en marche.

Très belle épreuve d'artiste. Rare.

RAFFAELLI

222 — Marchand de marrons. — Au Restaurant. — Vieux Mendiant, etc.

Quatre pièces, très belles épreuves d'artiste.

RAFFET

223 — La Revue nocturne.

Belle épreuve.

224 — Le Prince Demidoff

Très belle épreuve sur Chine.

225 — Abordez l'ennemi franchement. — Il est défendu de fumer.

Deux pièces, très belles épreuves.

226 — Catalans sur la Rambla de Barcelone.

Deux pièces, très belles épreuves sur Chine.

227 — Siège de Rome.

Onze pièces, très belles épreuves sur Chine.

228 — L'Armée française passe la frontière. — Fuite des Arabes. — Arnaouts, etc.

Cinq pièces, belles épreuves.

RENOUARD (P.)

229 — La Loge des Comparses. — Le Spectre d'Hamlet. — Dans les Coulisses.

Trois pièces, très belles épreuves d'artistes.

RIBOT (Th.)

230 — La Recette. — La Prière.

Deux pièces, belles épreuves d'artiste.

RIBOT (Th.)

231 — Les Éplucheurs. — Le Mets brûlé. — La Carte. — L'Aide de cuisine. — Le Déjeuner des cuisiniers.

Cinq pièces, très belles épreuves d'artiste.

232 — Cardon (E.). — Nature morte, etc.

Quatre pièces, très belles épreuves d'artiste.

ROBERT, SCHÆFFER, VERNET

233 — Son portrait. — Un Brigand. — La Prédiction. — Le général Foy, etc.

Douze pièces, belles épreuves.

ROUSSEAU (Th.)

234 — Paysages, fac-similé de dessins originaux.

Dix-neuf pièces, très belles épreuves d'artiste sur Chine.

ROYBET (F.)

235 — En retard pour la fête. — Joueurs d'échecs. — Joueurs de trictrac.

Trois pièces, très belles épreuves d'artiste.

RUDAUX (E.)

236 — Paysanne à la fontaine. — Paysanne et Chasseur.

Deux pièces, très belles épreuves d'artiste.

SÉGÉ (A.)

237 — Les Moulins. — Chasse au marais, etc.

Quatre pièces, très belles épreuves d'artiste avec dédicace sur Chine.

SOMM (H.)

238 — Sommaire pour un album d'eaux-fortes.

Deux pièces, très belles épreuves, dont une d'artiste avant les inscriptions.

239 — Sommaire pour un album d'eaux-fortes (autre planche).

Deux pièces, très belles épreuves dont une d'artiste avant les inscriptions.

240 — Les Pupazzi, programme. — Dix petites Dames, titre. — Jeune Femme au Polichinelle, etc.

Neuf pièces, très belles épreuves d'artiste, dont trois sur Japon.

TOUDOUZE (E.)

241 — Sur la Plage. — Jeune Femme jouant de la mandoline. — La Pêche, etc.

Quatre pièces, très belles épreuves d'artiste, dont deux sur Japon.

VALENTIN et LEBRUN

242 — Fantaisies gravées à l'eau-forte, d'après F. Malenson ; titre.

Très belle épreuve. Rare.

VEYRASSAT, YON

243 — Retour d'une corvée. — Chevaux de halage. — Villers-sur-Morin. — Anes, etc.

Huit pièces, très belles épreuves d'artiste.

VOLLON (A.)

244 — Une Auberge.

Très belle épreuve d'artiste.

WHISTLER (James)

245 — **Fumette.**
Très belle épreuve d'artiste.

246 — **Liverdun.**
Très belle épreuve d'artiste sur papier ancien.

247 — **La Rétameuse.**
Très belle épreuve d'artiste.

248 — **Saint-James's Street.**
Très belle épreuve d'artiste.

249 — **Vénus.**
Très belle épreuve d'artiste sur Japon.

250 — **La Tamise.**
Très belle épreuve d'artiste, sur papier ancien.

251 — **Billingsgate.**
Très belle épreuve d'artiste.

252 — **Limehouse.**
Très belle épreuve d'artiste.

253 — **Bateau de pêche.**
Très belle épreuve d'artiste sur papier ancien.

254 — **Putney bridge (grande planche).**
Très belle épreuve d'artiste sur papier ancien.

255 — **La Riva (Venise).**
Très belle épreuve d'artiste sur papier ancien.

256 — **Putney bridge.**
Très belle épreuve d'artiste sur Japon.

257 — **Old Battersea bridge.**
Très belle épreuve d'artiste.

IMPRIMERIE A. MAULDE ET Cie
RUE DE RIVOLI, 144 — PARIS

www.ingramcontent.com/pod-product-compliance
Ingram Content Group UK Ltd.
Pitfield, Milton Keynes, MK11 3LW, UK
UKHW032018260826
14628UKWH00006B/2553

9 782329 536903